Esta serie de estudios sobre el matrimonio tiene un completo Enfoque a la Familia -confiable, con un sólido fundamento bíblico y dedicado a restablecer los valores familiares en la sociedad actual. Sin duda esta serie ayudará a una multitud de parejas a fortalecer su relación, no solo del uno con el otro, sino también con Dios, el *creado*r mismo del matrimonio.

Bruce Wilkinson

Autor de *La oración de Jabes, Secretos de la viña,*
y *Una vida recompensada por Dios*

En esta era de tanta necesidad, el equipo del Dr. Dobson ha producido materiales sólidos y prácticos respecto al matrimonio cristiano. Toda pareja casada o comprometida sacará provecho de este estudio de los fundamentos de la vida en común, aunque ya hayan realizado otros estudios sobre el tema. Gracias a *Enfoque a la Familia* por ayudarnos a establecer correctamente esta máxima prioridad.

Charles W. Colson

Presidente de *Prison Fellowship Ministries*

En mis 31 años como pastor he oficiado cientos de bodas. Infortunadamente, muchas de esas uniones fracasaron. Cuánto hubiera apreciado poder contar con esta *Serie sobre el matrimonio* de *Enfoque a la Familia* en aquellos años. ¡Qué maravillosa herramienta tenemos a nuestra disposición, como pastores y líderes cristianos! Los animo a utilizarla para ayudar a quienes están bajo su cuidado a edificar matrimonios prósperos y saludables.

H. B. London, Jr.

Vicepresidente, Ministerio de Extensión / Ministerios Pastorales
Enfoque a la Familia

¿Está buscando una receta para mejorar su matrimonio?
¡Disfrutará esta serie práctica y oportuna sobre el tema!

Dr. Kevin Leman

Autor de *El sexo y la comunicación en el matrimonio*

La *Serie sobre el matrimonio* de *Enfoque a la Familia* tiene éxito porque no centra su atención en cómo establecer o fortalecer un matrimonio, sino en *quién* puede hacerlo. A través de este estudio usted aprenderá que un matrimonio bendecido será la feliz consecuencia de una relación más íntima con el *creador* del matrimonio.

Lisa Whelchel

Autora de *Creative Correction* y
The Facts of Life and Other Lessons My Father Taught Me

En una época en la que el pacto del matrimonio se deja rápidamente de lado en nombre de la incompatibilidad y de las diferencias irreconciliables, se necesitaba con urgencia un estudio bíblico que fuera a la vez práctico e inspirador. La *Serie sobre el matrimonio* de *Enfoque a la Familia* es justamente lo que las parejas están buscando. Recomiendo decididamente esta serie de estudios bíblicos, que tiene el potencial para impactar profundamente los matrimonios hoy y mejorarlos. El matrimonio no consiste tanto en encontrar el compañero correcto como en ser el compañero correcto. Estos estudios contienen maravillosas enseñanzas bíblicas para ayudar a quienes desean aprenderlo, el hermoso arte de llegar a ser el cónyuge que Dios había previsto para su matrimonio.

Lysa TerKeurst

Presidente, Proverbs 31 Ministries
Autora de *Capture His Heart* y *Capture Her Heart*

El segundo matrimonio

El segundo matrimonio
Serie sobre el matrimonio de Enfoque a la Familia®
Publicado por Casa Creación
Una compañía de Strang Communications
600 Rinehart Road
Lake Mary, Florida 32746
www.casacreacion.com

A menos que se indique lo contrario, todos los textos bíblicos
han sido tomados de la *Santa Biblia, Nueva Versión Internacional* (NVI),
© 1999 por la Sociedad Bíblica Internacional. Usado con permiso.

Traducido por:
*Carolina Laura Graciosi y
María Mercedes Pérez*

Editado por:
María del C. Fabbrí Rojas

Diseño interior por:
Grupo Nivel Uno, Inc.

Library of Congress Control Number: 2004116007

ISBN: 1-59185-504-7

Impreso en los Estados Unidos de América

04 05 06 07 ❖ 8 7 6 5 4 3 2 1

Tabla de contenido

Prólogo

El campo misionero más urgente aquí en la tierra no se encuentra del otro lado del mar, ni siquiera al cruzar la calle; se encuentra exactamente donde usted vive: en su hogar y su familia. La última instrucción de Jesús fue: "Vayan y hagan discípulos de todas las naciones" (Mateo 28:19). Al considerar este mandato, nuestros ojos miran al otro extremo del mundo buscando nuestro campo de labor. Eso no está mal; pero no es *todo*. Dios se propuso que fuera el hogar el primer lugar de discipulado y crecimiento cristiano (vea Deuteronomio 6:4-8). Los miembros de nuestra familia deben ser los *primeros* a quienes alcancemos, mediante la palabra y el ejemplo, con el Evangelio del Señor Jesucristo, y el modo fundamental de lograrlo es por medio de la relación matrimonial.

El divorcio, las familias disfuncionales, el rompimiento de la comunicación y las complejidades de la vida diaria están teniendo consecuencias devastadoras en el matrimonio y la familia, instituciones ordenadas por Dios. No necesitamos ir muy lejos para darnos cuenta de que aun las familias y matrimonios cristianos se encuentran en situación crítica. Esta serie fue desarrollada en respuesta a la necesidad de edificar familias y matrimonios centrados en Cristo.

Enfoque a la Familia es un ministerio reconocido y respetado en todo el mundo por su incansable dedicación a preservar la santidad de la vida matrimonial y familiar. No puedo pensar en otra asociación mejor que la formada por Enfoque a la Familia y Casa Creación para la producción de la *Serie sobre el matrimonio* de *Enfoque a la Familia*. Esta serie está bien escrita, es bíblicamente sólida y adecuada a su objetivo de guiar a las parejas a explorar los fundamentos que Dios estableció para el matrimonio, a fin de que lo vean a Él como el modelo de un cónyuge perfecto. A lo largo de estos estudios se plantarán semillas que irán germinando en sus corazones y en sus mentes en los años por venir.

En nuestra cultura, tan práctica y realista, muchas veces queremos pasar por alto el *porqué* para ir directamente al *qué*. Pensamos que si *seguimos* los seis pasos o *aprendemos* las cinco maneras, alcanzaremos el objetivo. Pero el crecimiento con raíces profundas es más lento, con un propósito determinado, y se inicia con una comprensión bien fundada del designio divino. Saber por qué existe el matrimonio es crucial para lograr soluciones más efectivas. El matrimonio es un don de Dios, una relación de pacto única y distinta, por medio de la cual su gloria y su bondad se manifiestan; y sólo conociendo al arquitecto y su plan, podemos edificar nuestro matrimonio sobre el cimiento más seguro.

Dios creó el matrimonio; le asignó un propósito específico, y se ha comprometido a llenar con fresca vida y renovada fortaleza cada unión rendida a Él. Dios quiere unir los corazones de cada pareja, consolidarlos en amor, y conducirlos hasta la línea de llegada –todo por su gran misericordia y bondad.

Que Dios, en su gracia, los guíe a su verdad, fortaleciendo sus vidas y su matrimonio.

Gary T. Smalley
Fundador y Presidente del Directorio
Smalley Relationship Center

Introducción

Pero al principio de la creación Dios "los hizo hombre y mujer". Por eso dejará el hombre a su padre y a su madre, y se unirá a su esposa, y los dos llegarán a ser un solo cuerpo. Así que ya no son dos, sino uno solo.
Marcos 10:6-8

El segundo matrimonio puede utilizarse en diversas situaciones, tales como estudio bíblico en grupos pequeños, clases de Escuela Dominical, o sesiones de consejería o tutoría. Incluso una pareja individual puede utilizar este libro en su propio hogar, como un estudio para edificación de su matrimonio.

Cada una de las cuatro sesiones consta de cuatro componentes principales.

Estructura general de la sesión

Labrar la tierra
Es una introducción al tema central de discusión; consiste en un comentario seguido de preguntas, para enfocar los pensamientos en la idea principal de la sesión.

Plantar la semilla
En este momento del estudio bíblico leerán una porción de las Escrituras y contestarán preguntas que los ayudarán a descubrir verdades inmutables de la Palabra de Dios

Regar la esperanza
Es un tiempo para el debate y la oración. Sea que estén estudiando en casa como pareja, en un grupo pequeño o en una clase, hablar con su cónyuge acerca del tema de la lección es una forma maravillosa de afianzar esa verdad y plantarla profundamente en sus corazones.

Cosechar el fruto
Pasando a la acción, esta parte de la sesión ofrece sugerencias para poner en práctica la verdad de la Palabra en su relación matrimonial.

Sugerencias para el estudio en pareja

Hay por lo menos tres opciones para utilizar este estudio en pareja.

- Pueden usarlo como estudio devocional. Cada cónyuge estudia el material individualmente durante la semana; luego, en un día determinado, ambos se reúnen para debatir lo que han aprendido y la forma de aplicarlo a su relación.
- Pueden elegir estudiar una sesión juntos durante una tarde, y luego desarrollar las actividades de aplicación durante el resto de la semana.
- Por ser un estudio breve, también es un espléndido recurso para un retiro de fin de semana. Pueden hacer un viaje de fin de semana y estudiar juntos cada sesión, intercalándola con sus actividades de esparcimiento favoritas.

Sugerencias para el estudio en grupo

Existen varias maneras de utilizar este estudio en grupos. La forma más común es hacerlo en grupos pequeños de estructura similar a un grupo de estudio bíblico. No obstante, puede utilizarse además en clases de Escuela Dominical para adultos. Cualquiera sea la modalidad elegida, hay algunas pautas generales que deben seguirse para el estudio en grupo.

- Mantengan el grupo pequeño (entre cinco y seis parejas como máximo).
- Pidan a las parejas que se comprometan a asistir regularmente durante las cuatro semanas de estudio. Esta regularidad en la asistencia es clave para la construcción de relaciones y el desarrollo de la confianza dentro de un grupo.
- Anime a los participantes a *no* compartir detalles de índole personal o que puedan avergonzar a su cónyuge, sin haberle pedido previamente su autorización.
- Todo lo que se trate en las reuniones grupales tiene carácter confidencial, y debe ser mantenido en la más absoluta reserva, sin trascender más allá de los miembros del grupo.

Hay ayudas adicionales para líderes en la parte final de este libro y en la *Guía para el ministerio de matrimonios de Enfoque a la Familia*.

Sugerencias para mentores

Este estudio también puede ser usado en situaciones donde una pareja se convierte en mentora o consejera de otra.

- Una iglesia o ministerio puede establecer un sistema por medio del cual a una pareja que lleva varios años de casada se le encomienda reunirse de modo regular con una pareja joven.
- Una manera menos formal de iniciar una relación de tutoría consiste en que una pareja joven tome la iniciativa y se acerque a un matrimonio que sea ejemplo de madurez y santidad, y solicite reunirse regularmente con ellos. O a la inversa, puede ser que una pareja madura se aproxime a una pareja más joven con el fin de iniciar una relación como mentores de ella.
- Algunos pueden sentir temor cuando se les pide que sean mentores de otros, creyendo que jamás podrán hacerlo porque su propio matrimonio está lejos de ser perfecto. Pero así como discipulamos a los nuevos creyentes, debemos aprender a discipular a las parejas casadas, para fortalecer sus matrimonios en este mundo tan difícil. El Señor ha prometido "estaré con ustedes siempre" (Mateo 28:20).
- Antes de comenzar a ser mentores de otros, completen ustedes mismos el estudio. Esto les servirá para fortalecer su propio matrimonio, y los preparará para poder guiar a otra pareja.
- Estén dispuestos a aprender tanto o más que la(s) pareja(s) de quien(es) serán mentores.

Hay ayudas adicionales sobre cómo ser mentores de otra pareja en la *Guía para el ministerio de matrimonios de Enfoque a la Familia.*

La Serie sobre el matrimonio de Enfoque a la Familia *está basada en* The Marriage Masterpiece *de Al Jansen (Wheaton IL: Tyndale House Publishers, 2001), que trata sobre lo que el matrimonio puede —y debería— ser. En este estudio, ¡es un placer guiarlos en la maravillosa aventura de encontrar el gozo que Dios quiere que experimenten en su matrimonio!*

Enfrentarse a lo
inesperado

¿Quién no apartará del amor de Cristo? ¿La tribulación, o la angustia, la perse-
cución, el hambre, la indigencia, el peligro o la violencia? Sin embargo, en todo
esto somos más que vencedores por medio de aquel que nos amó.
Romanos 8:35, 37

La muerte del *sueño* es la hebra común que recorre la trama de un segundo matrimonio o matrimonio reconstituido. La mayoría de la gente no crece con el deseo de casarse más de una vez. El sueño típico es encontrar a la persona adecuada, enamorarse, construir una vida juntos y vivir felices para siempre. Pero para muchos el sueño de felices para siempre fue interrumpido por la muerte o el divorcio. Así empezó el periplo de comenzar de nuevo.

Un matrimonio reconstituido es fundamentalmente diferente del primer matrimonio, porque es la unión de dos personas que han sufrido pérdidas y heridas en una relación anterior. Caminamos hacia el altar con un bagaje que nadie puede ver: sufrimiento y heridas emocionales del pasado que amenazan con impedir que volvamos a experimentar el verdadero amor. Los muros de protección que una vez construimos para soportar el dolor de la pérdida, ahora pueden hacer que centremos la atención en nosotros mismos, y seamos incapaces de entregarnos por completo a otra persona. Mientras buscamos otra oportunidad en el amor, debemos darnos cuenta de que es posible vivir esta nueva relación con espíritu de restauración y aceptación de lo que ahora es nuestra nueva realidad. La única forma de sobrevivir a las inesperadas idas y vueltas de un segundo matrimonio es poner sólidamente a Cristo en el centro de la relación.

Labrar la tierra

Nuestros sueños determinan nuestras expectativas. En todo matrimonio hay bendiciones así como también hay desafíos y sorpresas. Examinar nuestras expectativas nos ayuda a identificar los pensamientos poco realistas que podrían afectar nuestras relaciones. Aceptémoslo, vivir en la *mezcladora* es a veces (algunos podrán decir "a menudo") una desafiante mixtura de los de él, los de ella y los nuestros, ¡además de los suegros y los ex suegros!

1. ¿Cuáles eran sus expectativas cuando inició este nuevo matrimonio?

    ¿Cómo se veían esta nueva familia y esta nueva relación en sus sueños?

2. ¿Cuál fue la mayor sorpresa o preocupación cuando su relación chocó con la realidad?

3. A la luz de los desafíos que ha experimentado hasta ahora, ¿cuál ha resultado ser la mayor bendición de este matrimonio?

4. ¿Qué fuerzas externas se están intrusándose en su hogar y poniendo a prueba su relación con su cónyuge?

La vida está llena de imprevistos. Hay muchas cosas que no podemos controlar. Esto se aplica particularmente a un matrimonio reconstituido. A menudo esto comprende diversas circunstancias: nuevos lazos familiares que se están formando, antiguos lazos que luchan por sobrevivir y malentendidos que surgen a lo largo del camino. Aun así, en medio de todas estas cosas, podemos aprender a confiar en el amor de Cristo -un amor que es profundo, rico, incondicional y muy real. Su amor es lo que nos capacitará para seguir transitando mientras vivimos en este inesperado y desconocido territorio del segundo matrimonio.

Plantar la semilla

Las expectativas vuelan alto en toda relación matrimonial. Y frecuentemente nuestras expectativas no coinciden con lo que pronto pasa a convertirse en nuestra realidad. Debido a circunstancias y relaciones del pasado, es indudable que seremos provocados por situaciones difíciles que probablemente no habíamos previsto. Aunque hay muchas bendiciones nuevas, a veces el camino es pedregoso y el sendero increíblemente arduo. En tales circunstancias, a menudo nos sentimos tentados a pensar que hasta Dios nos ha abandonado.

No nos ha abandonado

El apóstol pablo nos recuerda en el libro de Romanos que nada nos apartará del amor de Cristo. Todos enfrentamos desafíos en la vida, pero ninguno podrá separarnos de Aquel que nos ama. Y gracias a esta promesa también podemos ser victoriosos y no víctimas de los desafíos y las circunstancias.

5. ¿Qué nos dijo Jesús que debíamos esperar en Juan 16:33? ¿Cuál es la promesa de ese versículo?

El término que aquí se traduce como "aflicciones" es la palabra griega *thlipsis*, que también puede traducirse de las siguientes maneras: agotamiento, dificultades, sufrimiento, persecución, aflicciones, dolores, angustia, presiones, severas pruebas, tribulaciones.[1]

6. ¿Cuáles son los problemas que comúnmente se experimentan en un matrimonio reconstituido?

Las palabras que Jesús habló a sus discípulos siguen siendo pertinentes para nosotros hoy. Si volvemos al comienzo de Juan 16, vemos que les está advirtiendo de los tiempos difíciles que vendrían, pero promete claramente que no los dejará a la deriva para que resuelvan las cosas solos. En los versículos 5 al 15 les habló de la obra del Espíritu Santo en sus vidas.

7. ¿Qué dice Jesús acerca de la obra del Espíritu Santo en Juan 16:5-15?

¿Cómo se relaciona esto con el manejo de circunstancias difíciles?

El Espíritu Santo viene para guiarnos y conducirnos a toda verdad. La verdad nos hace libres y nos capacita para cobrar aliento y estar de buen ánimo a pesar de los dramas inesperados de la vida que se presentan en un matrimonio reconstituido.

8. ¿Qué pasa en su interior cuando las circunstancias de la vida son difíciles?

¿Cómo pueden esos sentimientos afectar su matrimonio?

En nuestra cultura la vida se ha convertido en "primero yo" y mi búsqueda personal de la felicidad. Esta actitud egoísta ha afectado incluso el modo en que nosotros como cristianos vemos la vida. Pero de acuerdo con las Escrituras, ésta no es la manera en que debemos verla. En lugar de pensar que la vida es para nuestro propio placer, debemos vivir para agradar a Dios. Pero en un matrimonio reconstituido suele suceder que, por heridas del pasado, dos personas se unen para intentar alcanzar la felicidad que parece esquivarlos. Los resultados pueden ser desastrosos si no se reajusta el foco para alinearlo con la verdad de la Palabra de Dios para nosotros, como individuos que le pertenecemos.

9. ¿Qué dijo el apóstol Pablo acerca de sus aflicciones en 2 Corintios 1:8-10?

10. De acuerdo con 2 Corintios 1:9-10, Pablo ciertamente estaba desesperado. Sin embargo, aun en medio de las penurias decidió poner su esperanza en la liberación de Dios. ¿Cómo puede afectar una decisión así a los miembros de un matrimonio reconstituido?

Los desafíos siempre tienen un lado positivo. Las Escrituras son claras cuando dicen que las pruebas son parte de la vida y que son para nuestro beneficio, pues hacen que dependamos de las fuerzas de Dios en nuestra vida cotidiana. Realmente se trata de un cambio de enfoque. En vez de concentrarnos en las dificultades y caer en el desánimo y la desesperación, podemos aprender a centrarnos en el propósito de Dios: cambiarnos a través de estas circunstancias para que seamos más como Cristo. Un punto de vista produce la sensación de estar atrapado; el otro, la seguridad de estar capacitados para crecer a través y por encima de los tiempos difíciles.

Enfrentar lo inesperado

Cuando nos enfrentamos con lo inesperado, necesitamos tener presentes tres cosas:.

1. Debemos ser honestos con Dios, diciéndole cómo nos duelen estas situaciones, cuán difíciles son de sobrellevar, y que no podemos hacer lo adecuado en nuestras propias fuerzas, etc.
2. Debemos hallar nuestra esperanza en la fidelidad de Dios, decidiendo mantenernos firmes en las promesas de su Palabra, recordándonos a nosotros mismos la verdad y dejando que ella traiga esperanza a nuestro corazón.
3. Debemos *humillar* nuestro corazón y voluntad ante el plan que Él tiene para nuestra vida; la humildad es el camino que nos conduce a la verdadera libertad. Es tiempo de creer que Dios es quien dice ser y que podemos confiarle todo a Él.

Sea honesto

Con frecuencia ocultamos nuestros verdaderos sentimientos, sepultando en lo profundo de nuestros corazones las cosas que nos avergüenzan. Este modo de actuar nos deja atorados en la desesperación cuando nos golpea lo inesperado. En lugar de eso, debemos presentarnos ante Dios y contarle todas nuestras angustias, preocupaciones y anhelos.

11. Según 1 Pedro 5:7 ¿Qué podemos hacer respecto de nuestra ansiedad?

12. Filipenses 4:4-6 da instrucciones claras sobre lo que debemos hacer al enfrentar un problema. ¿Qué se nos manda hacer en toda situación?

13. ¿Cómo podrían esas directivas, si las aplican, ayudar a una pareja a enfrentar los desafíos específicos de un matrimonio reconstituido?

Describa alguna oportunidad en que le entregó al Señor una situación difícil y recibió su ayuda y dirección.

Es importante recordar que nuestros desafíos, tanto en pensamiento como en circunstancias, no son únicos ni insuperables. Otros, en situaciones similares (o quizás peores) están aprendiendo a ser honestos y a sostener con oración su matrimonio reconstituido. A medida que aprendemos a ser honestos con nosotros mismos, con nuestros cónyuges y con el Señor, también aprenderemos a convertir nuestra ansiedad y preocupación en oración y alabanza. Cuando confiemos en el Señor, se nos dará la paz que produce una nueva esperanza.

14. En 1 Pedro 5:7 se nos dice que podemos echar todas nuestras ansiedades sobre el Señor. ¿Cómo podemos hacerlo con confianza?

15. ¿Qué se promete en 1 Pedro 5:10?

¿Ha experimentado personalmente la restauración después de un tiempo difícil? Explique lo que sucedió.

16. De acuerdo con Santiago 1:2-4, ¿cuál es el propósito de las pruebas?

¿Cómo puede este pasaje darnos esperanza durante las situaciones provocativas que hay en un matrimonio reconstituido?

"Y después de que [ustedes] hayan sufrido un poco de tiempo" (1 P. 5:10) es un concepto interesante, ¿no? No queremos sufrir. Pero es una parte necesaria del proceso de la vida, que produce restauración y realmente nos hace completos. El sufrimiento produce hombres y mujeres fuertes. También produce gente perseverante y capaz de cumplir su compromiso y terminar el recorrido que tiene por delante.

17. ¿Qué nos promete Filipenses 4:6, 7 que sucederá si enfrentamos nuestros problemas y aplicamos el principio de "petición, ruego y acción de gracias"?

Tener una paz que sobrepasa todo entendimiento es una promesa asombrosa. Significa que aunque no entendamos los porqué o los cómo de nuestra situación presente, tendremos paz porque nuestra esperanza está en Cristo, quien es siempre digno de confianza.

Sea humilde

Jesús vino a hacer la voluntad del Padre. Él estaba ocupado en los negocios de su Padre y afirmaba que su vida no le pertenecía. Es mediante la humildad como podemos deponer nuestros propios sueños y deseos ante la voluntad de Aquel que nos creó para su gloria.

18. ¿Por qué es un acto de humildad soltar nuestras preocupaciones y entregárselas al Señor?

19. ¿Qué cosa de su matrimonio le resulta más difícil entregar a Dios por temor a que Él no la resuelva como usted desearía que se hiciera?

20. ¿Qué nos dice 1 Pedro 5:5-6 que puede ayudarnos cuando enfrentemos situaciones inesperadas que se presentan en nuestra relación de matrimonio reconstituido?

21. ¿Cómo puede el orgullo impedir que resolvamos las cuestiones con imparcialidad?

22. ¿De qué forma el amor propio estorba que nos sanemos de heridas personales del pasado, que nos vaciemos del viejo bagaje emocional, o que sepamos tratar con los hijos o los parientes del otro?

A medida que supera los desafíos de reconstituir su matrimonio, puede confiar en que el Señor satisfará sus necesidades y lo ayudará a salir fortalecido de esos tiempos difíciles. Recuerde ser honesto, mantenerse esperanzado y ser humilde.

Las situaciones provocativas que surgen en un matrimonio reconstituido nos llevarán a experimentar roces en nuestra vida cotidiana. Es fácil caminar por fe cuando todo va bien. Pero no resulta tan fácil cuando Dios nos llama a vivir de maneras que van en contra de los principios de nuestra carne y de nuestro orgullo. Nuestra carne y nuestro orgullo anhelan la felicidad a cualquier precio. En cualquier matrimonio esto podría causar muchos problemas, pero en un matrimonio reconstituido puede haber además otros procesos que aprietan viejos botones, hacen brotar lo peor de nosotros y nos inducen a sumirnos en una vida egoísta. Dios nos ofrece un camino mejor. Él tiene para nosotros más que una vida como la que llevan los matrimonios reconstituidos de no creyentes. Él nos dio el don del Espíritu Santo para guiarnos y conducirnos a la verdad. Recuerde: ¡la verdad nos hace libres!

Consideremos lo siguiente:

> Jenny y Miguel se habían casado hacía sólo dieciocho meses cuando comenzaron a surgir los problemas. Los dos hijos de Jenny se convirtieron en el principal motivo de los celos y la amargura de la ex esposa de Miguel y su única hija. Poco después Jenny y Miguel estaban embrollados en una competencia para proteger cada uno su propio territorio. Obstinados en su orgullo y no dispuestos a ceder, su matrimonio casi llega a un final desastroso. Dándose cuenta del amor que sentían el uno por el otro, supieron que algo tenía que cambiar. En medio de la tormenta, ambos reconocieron que su orgullo y terquedad habían hecho que cada uno se encerrara a ultranza en su propia posición. Cada uno veía a los hijos de su primer matrimonio como "de él y de ella" más que como "suyos", y al hacer esto inconscientemente estaban demarcando fronteras y formando dos equipos en competencia más bien que una nueva familia.[2]

23. ¿Qué cosas de la situación de Jenny y Miguel podrían llegar a causar una ruptura en su nuevo matrimonio y familia?

24. ¿Qué pueden hacer las parejas que se unen y entremezclan sus vidas y familias para disminuir la presencia del orgullo y de las actitudes proteccionistas y posesivas?

25. Relea Romanos 8:35, 37 citado en la primera página de esta sesión. ¿Qué puede hacer que uno de los cónyuges de un matrimonio reconstituido se sienta separado del amor de Dios?

26. Romanos 8:37 dice que en todas estas cosas somos más que vencedores. ¿Cómo podría una pareja aplicar este versículo para caminar a través del desafiante nuevo territorio de un matrimonio reconstituido?

Todas las relaciones pasan tiempos de conflicto. Infortunadamente, en un matrimonio reconstituido las alianzas facilitan la creación de bandos. Nuestro orgullo y los prejuicios de nuestra familia personal aumentan la presión para crear nuevas asociaciones. Llega un momento en que el compromiso con la nueva relación debe volver a establecerse con firmeza. Para mantenerse firme, este nuevo compromiso requiere de honestidad, humildad y grandes dosis de esperanza. Entonces experimentaremos el poder de Dios intercediendo a nuestro favor.

27. ¿Cuáles son las cosas –actitudes, situaciones, sentimientos, etc. – que provocan tensiones en su relación? Haga una lista y hable con su cónyuge sobre la forma en que cada uno de ustedes puede ser honesto, esperanzado y humilde cuando lidian juntos con ellas.

Sea honesto con su cónyuge si se siente decepcionado a causa de las pruebas que atraviesan en su proceso de combinarse. Si necesita confesárselo hágalo, pidiendo oración, purificación y sanidad.

28. Comparta con su cónyuge el pasaje de esta lección que más le impactó y cómo planea aplicarlo a su vida diaria.

Esta semana memoricen Filipenses 4:6-8. Como pareja, pídanle a Dios que los ayude a aplicar estos versículos y sus principios a su vida y matrimonio. Si no acostumbran memorizar pasajes significativos de las Escrituras, pónganse como prioridad comenzar a hacerlo. Tener la Palabra de Dios en su mente puede ayudarlos, confortarlos y animarlos en medio de una situación difícil.

Aparten tiempo regularmente el uno para el otro. Tomen ahora mismo un momento para planear una cita para pasar tiempo juntos sin interrupciones ni distracciones. ¿Qué arreglos necesita hacer para cumplir con la cita? Cree un espacio y un tiempo para conversar en privado. Escuche a su cónyuge. No lo juzgue, critique ni trate de arreglarlo. Escuche el corazón de aquel a quien usted le entregó su corazón.

Juntos confiésenle a Dios sus faltas y su incapacidad de aceptar todos los desafíos que se presentan en este matrimonio reconstituido. Pídanle su ayuda, su gracia y su guía. A lo largo de la semana agradézcanle a Dios por la esperanza que tienen en Cristo. Recuérdele a su cónyuge el compromiso que usted tiene con él o ella, y agradézcale a Dios cada día porque nada podrá separarlo de su amor y porque en Cristo usted y su cónyuge son más que vencedores.

Notas:
1. Edward Goodrick y John Kohlenberger, *The NVI Exhaustive Concordance* [Concordancia exhaustiva de la NVI] (Grand Rapids, MI: Zondervan Publishing House, 1990), p. 117, #2568.
2. Esta es una compilación de varias historias. Cualquier semejanza con una situación real es pura coincidencia.

Enfrentarse *a los nuevos* desafíos

"Te basta con mi gracia, pues mi poder se perfecciona en la debilidad."
Por lo tanto, gustosamente haré más bien alarde de mis debilidades, para que
permanezca sobre mí el poder de Cristo. Por eso me regocijo en mis debilidades,
insultos, privaciones, persecuciones y dificultades que sufro por Cristo; porque
cuando soy débil, entonces soy fuerte.
2 Corintios 12:9-10

Los cristianos que han formado un matrimonio reconstituido suelen experimentar una crisis de confianza, una bifurcación del camino o por lo menos un giro abrupto cuando se enfrentan con los nuevos, y a veces peliagudos, desafíos que presenta un segundo matrimonio. Lo que una vez pareció la nueva oportunidad para el amor perfecto y la familia perfecta, tal como se presenta en la serie televisiva *The Brady Bunch,* termina distando mucho del oropel y el glamour de una serie de Hollywood. Lo que alguna vez pareció ser la idea perfecta para el futuro puede convertirse en el mayor desafío que hayamos enfrentado jamás. Aunque aparentemente algunas parejas se amoldan bien desde el principio, la mayoría se reconstituye a través de las pruebas, los errores y las luchas. En un matrimonio reconstituido la pareja necesita constantemente mantenerse flexibles como individuos y a la vez recordarse a sí mismos no caer en la tentación del aislamiento y el egoísmo –hacer las cosas a su propio modo.

Gracias a Dios, Cristo promete que nunca nos dejará ni nos abandonará. En medio de los malentendidos, de la dinámica de reorganización familiar, y del tira y afloje que se produce hasta que las relaciones encuentran su nueva configuración, la esperanza de tener la presencia de Cristo con nosotros es una gran noticia.

Labrar la tierra

Muchos ajustes deben realizarse a medida que una pareja remueve los escombros de la antigua vida para construir una nueva. Frecuentemente ese proceso revela problemas. Pero cuando nuestra atención se centra en el poder todo-suficiente de Cristo que está en nosotros, ese proceso puede acarrearnos una nueva libertad y la tan esperada paz. Primero, debemos ser honestos: hacer a un lado nuestra negación.

1. ¿Cuáles son los desafíos que comúnmente enfrentan los cónyuges en un matrimonio reconstituido y que difieren de los que enfrentan las parejas casadas en primeras nupcias?

2. Si comparamos la serie televisiva *The Brady Bunch* con la vida real, ¿cuáles serían algunos de los aspectos poco realistas de esa serie?

3. Si se creara un nuevo 'reality show' llamado *La vida de una familia combinada,* ¿cuáles podrían ser algunos episodios o argumentos?

La vida de una familia combinada no está filmada en un set de televisión, y por cierto su argumento tampoco está escrita por hábiles escritores que pueden controlar cómo terminará cada episodio. En esta nueva realidad, cada día es un nuevo día y una nueva experiencia. Fuerzas externas, así como también un bagaje emocional e incluso financiero del pasado, pueden amenazar este matrimonio a cada paso. A veces en un matrimonio reconstituido se siente que los problemas son demasiados como para poder sobrellevarlos, demasiado difíciles de soportar y demasiado reñidos para poderlos superar. Se necesita humildad o quebrantamiento –y a veces ambos– para que una pareja en su segundo matrimonio admita que, sin ayuda, no puede ajustarse a algunas de estas nuevas dinámicas. Por medio de Cristo y de su fuerza, no sólo lograrán sobrevivir, sino que podrán vivir con fuerza y con poder.

Plantar la semilla

Aprender a depender de las fuerzas de Dios es un principio bíblico que la mayoría de los creyentes no busca aprender con el poder de Dios hasta que se ven presionados por las realidades de una vida no-tan-perfecta. En un matrimonio reconstituido, depender de las fuerzas y el poder de Dios para sostenerse es esencial para correr hasta la línea de llegada. También es importante saber que depender de Dios nos hace más fuertes de lo que éramos antes.

El apóstol Pablo solía escribir en sus epístolas sobre sus debilidades, aflicciones y las presiones que recibía de todos lados. Pero no se abatió pese a tales pruebas y tribulaciones. Su búsqueda de la humildad y la dependencia de Jesucristo fue lo que hizo que su vida fuera eficaz y plena de sentido.

¿Podrá suceder que los cambios y desafíos que lo presionan a usted al transitar este segundo matrimonio hagan que finalmente su vida sea más eficaz y tenga un nuevo sentido? La dependencia de Dios comienza cuando se agotan todos sus recursos personales. Si usted está agotado –rendido a causa de todos los desafíos y confundido por todas las piezas del rompecabezas llamado "familia combinada"– está en una buena posición. Ahora debe tomar una decisión: puede limitarse a atravesar el proceso o puede crecer a través de él. Si decide crecer –con pasitos de bebé– estará cerca de alcanzar su plena madurez en Cristo.

4.   En 2 Corintios 1:3-4, ¿cómo describe Pablo al Señor?

El diccionario define así dos de las palabras usadas en este pasaje:
·   **Compasión**: Sentimiento de conmiseración y lástima que se tiene hacia quienes sufren penalidades o desgracias. [1]

- **Consuelo**: Descanso y alivio de la pena, molestia o fatiga que aflige y oprime el ánimo. [2]

5. Piense en algún desafío que su matrimonio esté enfrentando en el presente. ¿Qué le viene a la mente cuando piensa en que Dios el Padre sufre con usted en medio de esa prueba?

¿Qué viene a su mente cuando se da cuenta de que en Cristo usted puede encontrar alivio para la depresión que suele venir con los problemas?

6. De acuerdo con 2 Corintios 1:3-7, ¿cuál es el propósito del consuelo que recibimos en medio de las pruebas y los sufrimientos?

7. En 2 Corintios 1:8-10, Pablo explica las presiones que tuvo que enfrentar mientras estuvo en Asia. ¿Hasta qué punto lo abrumó tal presión?

8. ¿Cuál era el propósito de los sufrimientos de Pablo según 2 Corintios 1:9?

¿En qué puso Pablo su esperanza?

9. ¿Cómo sería depender de Dios y no de usted mismo en el mundo real de su matrimonio reconstituido, para las relaciones con sus hijos, hijastros, suegros, ex suegros y su cónyuge?

10. Lea el Salmo 18 –un salmo de liberación. David cantó este salmo al Señor cuando fue rescatado de sus enemigos y de Saúl (ver 2 Samuel 22:1-51). ¿Qué versículo de este salmo le habla más a usted y por qué?

El Salmo 18:2 describe varias formas en las que Dios nos libra del mal. Haga una lista de las características de Dios en relación con su pueblo durante los tiempos de dificultad.

¿Qué característica necesita más en su situación presente? Explique por qué.

Resulta claro que si necesitamos protección, debemos mirar a Dios que es todopoderoso. Él es nuestra roca. Él no puede ser conmovido y su fidelidad no se altera a pesar de las cambiantes circunstancias de la vida. Él es siempre un lugar seguro y un refugio: una roca, una fortaleza, un escudo, la fuerza de nuestra salvación y nuestro baluarte.

En su libro *Blended Families* (Familias combinadas^a), la autora Maxine Marsolini cita algunos hechos alarmantes:

Más de la mitad de los norteamericanos hoy ha estado, está, o posiblemente estará a lo largo de su vida en una o más situaciones de familias combinadas o reconstituidas. ¿Por qué debería alarmarnos esta estadística? Porque la población que pertenece a este tipo de familias está creciendo cada año. Las proyecciones demográficas más recientes del National Institute of Child Health and Human Development (Instituto Nacional de Salud Infantil y de Desarrollo Humano) muestran que para el año 2000 habrá más norteamericanos viviendo en familias combinadas que en estructuras familiares nucleares.

El Instituto incorporó al Dr. James Bray para que comenzara un estudio extensivo de la familia combinada o reconstituida. En 1984 él y su equipo lanzaron lo que se convirtió en un estudio de nueve años de duración de familias que viven con un padrastro o madrastra, en especial con un padrastro. Uno de los hallazgos de esta investigación fue la alta incidencia del divorcio en los segundos matrimonios. Cerca del 60 por ciento de estas uniones no lograban sobrevivir. Muchos ni siquiera llegaron a los primeros dos años.[3]

Vivir en sus fuerzas

En 2 Crónicas 20 se cuenta una historia acerca del rey Josafat y cómo manejó la noticia de un conflicto inminente. En este capítulo encontramos muchas cosas que nos ayudarán a permanecer fuertes más allá de cuantas situaciones difíciles, obstáculos o aparentes enemigos tengamos que enfrentar.

11. En 2 Crónicas 20:1-3, ¿con qué amenaza se enfrentaba Josafat, cuál fue su reacción inmediata y cómo respondió a esa amenaza?

12. Describa alguna oportunidad de su vida en la que sintió como si un ejército enemigo viniera contra usted. ¿Cuál fue su reacción inmediata y cómo respondió a la amenaza de peligro o malestar?

En este pasaje observamos tres cosas significativas:

1. Josafat fue informado de antemano.
2. Josafat se alarmó de inmediato porque sabía lo que se acercaba.
3. Josafat tomó la decisión de buscar al Señor.

Aquellos de nosotros que tenemos un matrimonio reconstituido hemos sido informados de antemano, por hechos y estadísticas, de que a veces la vida va a ser difícil, que incluso hasta parecerá imposible de soportar. Jesús también nos advirtió que en esta vida tendríamos aflicción (ver Juan 16:33). Esto es alarmante en una cultura de "yo sólo quiero ser feliz" como la nuestra, que también nos ha condicionado a pensar ante todo en nosotros mismos y a seguir nuestro propio corazón. Pero 2 Crónicas 20 enseña que cuando nos sentimos alarmados por los retos que la vida nos presenta, necesitamos centrarnos en el Señor y buscar su ayuda.

13. ¿Qué dice Jeremías 17:9 acerca del corazón humano?

Es importante recordar que Dios está obrando continuamente en lo profundo de nuestro ser. Aunque parezca que a nuestro alrededor el mundo perdió el control o que nuestras circunstancias son una locura, Dios siempre está trabajando. Su principal interés es que alcancemos la madurez espiritual y que caminemos por fe. Si los desafíos nos llevan a depender totalmente de Dios, entonces han logrado el más importante de todos sus propósitos.

14. ¿Cómo se relaciona Jeremías 17:5-8 con los desafíos de reconstituir una familia rota?

Atravesar los desafíos

Un matrimonio reconstituido está lleno de cambios. Podemos ver cómo manejar esos cambios observando nuevamente al rey Josafat. Hay tres características de su relación con Dios que también nos beneficiarán a nosotros (ver 2 Crónicas 20:1-12):

· **Confesión**: Señor, ¡estoy alarmado por lo difícil que es esta nueva vida!
· **Alabanza:** Señor, te honro con mi vida y mis circunstancias actuales. La fuerza y el poder están en tus manos; tú sabes lo que se necesita para que lleguemos a unirnos.
· **Humildad:** No sabemos qué hacer con esta situación, pero nuestros ojos están puestos en ti.

15. ¿Qué le prometió Dios a Josafat en 2 Crónicas 20:15-17?

¿Qué instrucciones le dio Dios al rey y al pueblo que sean aplicables directamente a una situación difícil –un vasto ejército?

Un vasto ejército puede ser algo demasiado grande como para poder manejarlo. Todos afrontamos batallas de este tipo de vez en cuando. Las estadísticas relativas a las dificultades de volver a constituir una familia podrían hacer que nos encojamos de temor por la supervivencia de nuestro nuevo matrimonio. Pero Dios dice que la batalla no es nuestra, es de Él. Observe que le dijo a Josafat *dos veces* que no tuviera temor y que no se desanimara.

16. ¿Qué cree que significa "quédense quietos en sus puestos" (2 Crónicas 20:17) en la vida cotidiana de un matrimonio reconstituido?

17. Describa alguna oportunidad en la que se dio cuenta de que estaba en una situación que excedía su capacidad para manejarla. ¿Qué aprendió de esa situación?

Hay tres acciones bien definidas de Josafat que deberían servirnos como ejemplo en cualquier tipo de batalla:

1. Tomar su posición.
2. Mantenerse firme.
3. Ver la liberación del Señor.

Tome su posición

Efesios 2:1-10 describe nuestra posición en Cristo.

18. De acuerdo con Efesios 2:4-6, ¿qué hizo Cristo por nosotros?

¿De qué forma el estar en esta posición debería infundirnos valor para afrontar cualquier cosa?

¿Qué paralelos existen entre su relación reconstituida y lo que Cristo hizo por usted como se describe en Efesios 2:4-6?

Manténgase firme

19. Efesios 6:10-14 nos habla de mantenernos firmes contra las artimañas del diablo. ¿Qué cosas específicas puede identificar como potenciales artimañas contra su familia combinada?

20. ¿Qué dice 1 Pedro 5:8-9 acerca de su enemigo y cuál debería ser su reacción?

Lo más fácil es pensar que nuestro enemigo es una persona–y es verdad que la gente hace cosas para atacarnos y dañarnos. Pero parte de nuestro mantenernos firmes es darnos cuenta de quién es nuestro verdadero enemigo. El plan del diablo es destruir su nueva familia, robarle la paz y la integridad, y valerse de cualquier oportunidad para afectar negativamente a sus hijos.

21. Juan 10:10-11 compara las diferencias entre un ladrón y un pastor. ¿Qué viene a hacer el ladrón? ¿Qué ha tratado de robar de su matrimonio este "ladrón"?

¿Qué viene a hacer el pastor? ¿Cómo ha experimentado esto en su relación?

Vea la liberación del Señor

22. ¿Qué dice Hebreos 2:14-18 en cuanto a la capacidad de Dios para liberarlo de problemas presentes?

La descripción más poderosa que Dios hace de sí mismo se registra en Éxodo 3:14, cuando dice: "Yo Soy el que soy". Él es todo lo perfecto, lo excelente y lo santo. Él fue desde el principio y será hasta el fin. Él es:

- TODO lo que siempre necesitará para tener aliento cuando esté en el campo de batalla;
- TODO lo que siempre necesitará cuando busque guía, dirección y consejo;
- TODO lo que siempre necesitará cuando sea llamado a amar a hijos y familia que no son los suyos propios;
- TODO lo que siempre necesitará cuando deba poner la otra mejilla;
- TODO lo que siempre necesitará para sobreponerse a las tendencias naturales de la carne y caminar en el Espíritu en este nuevo matrimonio y en la dinámica que lo caracteriza.

Regar la esperanza

Consideremos lo siguiente:

A Ana le dio por llorar en la ducha. Apenas tres meses de este nuevo matrimonio y el sueño de su vida ya se había convertido en una pesadilla. Los hijos de Jaime no la querían; su ex esposa afirmaba que Ana no era buena para sus tres hijos y desvalorizaba constantemente cualquier cosa buena que Ana hubiera logrado con sus hijastros; y sus nuevos suegros tenían problemas de confianza y un espíritu sobreprotector hacia su hijo Jaime y los niños. Como antes no había sido mamá, Ana había esperado ser la Supermamá, no la Malvada Madrastra. Mientras lloraba incontrolablemente en la ducha –donde nadie podía oírla– estaba segura de que había cometido el mayor error de su vida.

27. Evalúe las necesidades que hay hoy en su relación. ¿Cuáles retos enfrenta que requieran que tome su posición, que se mantenga firme y que vea la liberación del Señor? Hable con su cónyuge acerca de estos desafíos.

28. Hagan juntos una lista de acciones que podría realizar cada uno para alivianar la carga del otro, demostrándose mutuo apoyo en su nueva situación familiar.

Su matrimonio es la más importante de sus relaciones y el fundamento de la familia entera. Planeé una cita especial con su cónyuge al menos una vez por semana. Recuerde que esa oportunidad no es para hacer cuestionamientos. En lugar de eso, disfruten el uno del otro, afírmense en su amor y edifiquen su relación. Sus problemas estarán esperándolos cuando vuelvan; ¡mañana será otro día para experimentar a Cristo como el todo que ustedes necesitan!

También planifiquen algún tiempo para estar a solas, en el que ambos puedan tratar con oración los retos que están afrontando para reconstituir su familia. Este tiempo debería estar previsto con regularidad; lo ideal sería una vez al día, pero sino al menos dos o tres días por semana.

Notas:
1. *Diccionario de la Lengua Española,* Real Academia Española, 22ª. ed., "compasión".
2. *Diccionario de la Lengua Española,* Real Academia Española, 22ª. ed., "consuelo".
3. Maxine Marsolini, *Blended Families* [Familias combinadas] (Chicago, IL: Moody Press, 2000), p. 10.
4. Esta es una compilación de varias historias. Toda semejanza con una situación real es pura coincidencia.
5. *An American Dictionary of the English Language,* 15ª. ed., "regocijarse". (Trad literal)
6. Marsolini, *Blended Families,* p. 14.

Anotación a la traducción:
a. Las expresiones inglesas *"Blended Families"* y *"Stepfamilies"* equivalen en español a *"Familias combinadas"*, *"Familias reconstituidas"*, *"Familias mixtas"* o *"Segundas familias"*, según el autor que la emplee.

Vivir *con* *nuevas* relaciones

Dios es amor. El que permanece en amor, permanece en Dios, y Dios en él.
1 Juan 4:16

Tres cuestiones que suelen hacer de cuña entre los miembros de un matrimonio reconstituido, son: las finanzas, los ex cónyuges y los hijos. Como un matrimonio reconstituido se construye sobre los cimientos rotos de relaciones pasadas, las cosas pueden ponerse ripiosas rápidamente. El remanente de responsabilidades anteriores y la persistencia de heridas sin resolver pueden alimentar algunas situaciones desagradables. Aprender un nuevo lenguaje de amor, uno que pone a los otros primero, puede resultar ser el más difícil de los retos en la dinámica familiar de un matrimonio reconstituido.

Dios nos llama a amarnos los unos a los otros, pero no solemos relacionar ese mandamiento con la vida cotidiana. Agregamos condiciones al mandamiento divino, convenciéndonos de que hay un menú de opciones que dependen de nuestras circunstancias presentes o de la dinámica de nuestra relación actual. Sería fácil aprender a vivir en el amor de Dios si estuviéramos solos en la cumbre de una montaña o metidos en una cueva. Allí, en la quietud y la paz de no tener que tratar con otra gente, podríamos pensar sobre el amor de Dios en teoría, pero no tendríamos que ponerlo en práctica. Aislados en ese lugar, podríamos amar a todos y a todo. Nada nos detendría: ni desilusiones, ni desacuerdos, ni conflictos. Pero súmele las complejas relaciones presentes en un matrimonio reconstituido –suegros, ex suegros, ex cónyuges e hijos: tuyos, míos y nuestros– y tendrá en sus manos el potencial para desatar una verdadera guerra. Y todo empieza cuando decimos: "Sí, acepto".

Labrar la tierra

Más y más personas que vuelven a casarse se encuentran instantáneamente con una familia cuando dicen "Sí, acepto" a algo más que a su cónyuge: también están los hijos, los suegros, los ex suegros, los ex cónyuges, y las mascotas de la familia. Hoy en día, aproximadamente dos de cada tres matrimonios en segundas nupcias tienen hijos de un matrimonio anterior, y muchas parejas recién casadas encuentran que la expresión "familia combinada" (o "reconstituida") trae consigo más de lo que habían esperado.[1]

1. ¿Cuál cree usted que es el asunto que más se debate entre esposo y esposa en un segundo matrimonio?

2. Cuando alguien debe a amar a hijos que no son suyos, ¿cree que la mayoría se adapta naturalmente o que tiene luchas internas? ¿Por qué?

3. De los tres desafíos –finanzas, ex cónyuges e hijos– ¿cuál es el mayor reto para ustedes hoy, como pareja reconstituida? ¿Por qué?

Curiosamente, las tres áreas tienen algo que ver con la futura seguridad de los hijos. Si hay hijos en su unión combinada, sus vidas y corazones son importantes para Dios. Como cristianos adultos, no podemos enseñarles sobre el amor de Jesús si nosotros vivimos amargados y albergamos falta de perdón hacia su otro progenitor. Tampoco podemos desempeñar un rol protector en sus vidas si no participamos en la provisión material para ellos. Muy a menudo, la amargura y la falta de perdón hacia el ex cónyuge echan leña al fuego en las relaciones de las familias combinadas.

Plantar la semilla

Los cristianos casados por segunda vez pueden comenzar a preocuparse por el legado espiritual que parece haber sido robado de su árbol familiar. Lo que una vez estuvo destinado a ser una herencia piadosa para la siguiente generación, ahora parece ser una rama quebrada de un árbol cuyas otras ramas retoñan en todas direcciones.

Tenga ánimo, todavía tiene una herencia que dejar. Quizás no sea la que usted originalmente soñó, pero de todos modos es una herencia. Con la ayuda de la gracia de Dios y la obra de su Espíritu, aún podemos dejar un legado de gracia, amor y perdón. Dios tiene el poder para lograr esto, pero nos llama a cooperar con Él en la obra del reino, amando cuando hacerlo parece la más difícil de todas las cosas.

4. De acuerdo con 1 Corintios 13, ¿cuáles son las características del amor?

Existen muchas clases de amor, incluyendo el romántico, el fraternal y el familiar. En este pasaje la palabra griega *ágape*, que denota afecto, buena voluntad, benevolencia y amor incondicional, se traduce como "amor". Ella representa el amor de Dios por su pueblo.[2]

5. ¿Cuáles son las características del amor según 1 Corintios 13 que son especialmente difíciles de expresar en su matrimonio reconstituido?

¿Qué característica se vive en su familia? ¿Cuál es la que su familia más necesita experimentar?

6. A veces sentimos que no nos queda ni un gramo de amor o benevolencia hacia la gente que perturba continuamente la paz de nuestros hogares. ¿Qué nos dicen 1 Juan 4:16 y Romanos 5:5 acerca del amor de Dios?

Si Dios ha derramado su amor en nuestros corazones por el Espíritu Santo, ¿cómo debería reflejarse eso en la forma en que nos tratamos unos a otros como cristianos en una familia combinada?

7. De acuerdo con Romanos 13:10, ¿qué se afirma sobre el amor y cómo se puede aplicar a un hijastro o hijastra? ¿A un ex cónyuge, a los suegros y a los ex suegros?

8. Segunda de Timoteo 2:22 nos insta a "seguir la justicia, la fe, el amor y la paz". ¿Cómo se aplicaría esto a nuestras relaciones?

Seguir el amor suele requerir un cambio en la forma de vida. Exige negarse a uno mismo para obedecer al llamado supremo de Cristo.

9. Investigue cuál es el fundamento que encontramos en 1 Juan 4:7-12 sobre cómo debemos relacionarnos con los demás. Según el versículo 12, ¿qué se habrá perfeccionado en nosotros cuando sigamos el amor?

Observe que estos versículos dicen que Cristo vino al mundo *para que viva-mos por medio de Él*. El amor ágape cristiano no es producto de nuestras emo-ciones o sentimientos; no siempre se corresponde con nuestras inclinaciones naturales, y tampoco nos permite el lujo de elegir a quién amar y a quién no. El amor de Dios en nosotros nos capacita para buscar lo mejor para los demás. Su amor ha sido puesto en nuestros corazones, y sólo por su poder podremos experimentarlo en nuestras vidas.

Nuevos fundamentos

10. ¿Qué dice Mateo 7:24-27 acerca de construir la vida sobre un cimiento?

11. De acuerdo con Mateo 22:37-40, ¿cuál debería ser el cimiento de nues-tra vida en Cristo?

12. Algunas personas parecen imposibles de amar. ¿Qué nos dicen los siguientes versículos acerca de lo "imposible": Mateo 17:20; Lucas 1:37; 18:27; Hebreos 11:6?

13. También es posible un nuevo fundamento para el corazón. ¿Qué nos dice Ezequiel 36:26-27 acerca del nuevo corazón?

Después de leer esos versículos, ¿aún sigue creyendo que es imposible amar a algunas de las nuevas personas que hay en su vida? ¿Qué sucede cuando está agotado o herido por la conducta de un hijastro? ¿Y qué me dice cuando su ex cónyuge lo lleva continuamente a los tribunales? ¿Qué decir del agotamiento financiero de tener que mantener dos familias? ¿Y que ocurre las veces en que su propio cónyuge se comporta injustamente con su hijo? ¿Imposible? No, ahora sus problemas e imposibilidades son posibilidades de Dios, y Él es la llave para crear relaciones saludables en su nueva familia.

Nuevas actitudes

14. Colosenses 3:1-17 describe las reglas para una vida santa. ¿Cómo se relacionan estos versículos con las relaciones dificultosas?

15. Las quejas son parte de la vida en esta nueva familia. ¿Qué dice Colosenses 3:13 que debemos hacer en estos casos?

16. Por más desunida y enredada que pueda parecer su nueva familia, sigue siendo una unidad familiar. ¿Qué dice Colosenses 3:15-16 sobre vivir en unidad?

Una familia combinada (o reconstituida) no es una familia nuclear, pero de todos modos sigue siendo una familia. Hay ciertas realidades que son parte normal del proceso de reconstitución:

- Es de esperarse la intrusión de influencias externas.

- Es de esperarse que los hijos se sientan desgarrados entre ambos padres.

- Esté preparado para cambiar.

- Esté dispuesto a hacer sacrificios por el bien común.

- Entienda que muy probablemente sus expectativas deban ser reajustadas.

- Defina el amor como compromiso, no sólo como sentimientos.

- Recuerde que la reconstitución eficaz no ocurre de un día para el otro.

- Dése cuenta de que a veces este proceso tiene complicaciones.

- Entréguese a cumplir el pacto de su matrimonio sin mirar las circunstancias.

Nuevas elecciones

17. ¿Qué enseñó Jesús en Lucas 6:27-36?

¿Cuáles serían algunos de los resultados –positivos y negativos– de amar a alguien como Jesús nos manda hacer en este pasaje?

Frecuentemente en esta nueva combinación de relaciones hay alguien a quien resulta difícil amar. Esa persona puede ser una continua fuente de disgustos para usted y su familia. Cristo nos enseñó que aunque los no creyentes aman a quienes los aman, sus seguidores deben amar sin mirar si ese amor es correspondido o no.

18. ¿Cómo podría relacionarse Mateo 25:40 con amar al hijo o al ex cónyuge del otro?

19. ¿Qué dice Colosenses 3:21 sobre cómo debemos tratar a nuestros hijos –tuyos, míos o nuestros?

20. Efesios 6:2-3 nos dice cómo debemos tratar a nuestros padres. ¿Qué deberíamos estar enseñando a nuestros hijos acerca de su "otra familia"?

Seamos honestos. Puede resultar fácil ser injustos o más críticos con nuestros hijastros debido a las diferencias de personalidad y de su entorno. Pero como cristianos, debemos elevar nuestras normas de vida y decidir seguir el ejemplo de Cristo. Recuerde, sin amor somos como un címbalo que retiñe (ver 1 Corintios 13:1).

Regar la esperanza

Consideremos la siguiente historia de Lázaro y Mariela:

A Lázaro le encantaba que sus hijos vinieran por el fin de semana. En el entusiasmo de prepararse para su visita, cobraba vida –planeaba salidas, eventos especiales y toda otra cosa que hiciera que el tiempo que pasaran juntos fuera especial. Pero los fines de semana en los que no había visitas programadas, por lo general estaba fuera de casa tratando de perfeccionar su juego de golf. Los hijos de Mariela creían que no eran tan importantes como para que los incluyeran en eventos especiales o en el tiempo de Lázaro. Su corazón parecía estar reservado solamente para sus propios hijos. Buscando y anhelando recibir amor, el agujero en los corazones de los hijos de Mariela se fue haciendo más grande y profundo a través de los años. Cuando llegaron a la adolescencia, abandonaron completamente la familia. Mariela estaba llena de resentimiento. ¿Quién era este hombre que servía en los ministerios de la iglesia pero que nunca intentó siquiera amar a los hijos de ella –sus hijastros?

Mariela también tenía que soportar llamadas odiosas e intrusivas de la madre biológica de sus hijastros. Esta mujer les decía a sus hijos que Mariela nunca los amaría tanto como ella porque nunca serían parientes de sangre. Siempre estaba inventando historias raras que dejaban a Mariela malparada con sus hijastros. Ellos crecieron odiando a Mariela, viéndola como la malvada madrastra. Lázaro, sintiéndose desgarrado entre su nueva esposa y sus propios hijos, intentó arreglar la situación, pero sólo la empeoró. Lázaro y Mariela comprendieron que el fundamento de su nueva familia estaba construido sobre un terreno poco firme, y que habían dejado de comunicarse por las desilusiones y las heridas.[3]

21. ¿Cómo podemos vincular Filipenses 4:11-13 con las relaciones difíciles?

Filipenses 4:13 es una promesa incluso para la más difícil de las situaciones. ¿Cuál es la promesa y cómo podemos apropiarnos de ella?

22. ¿Qué dice Romanos 12:9-21 acerca de cómo tratar con gente difícil?

¿Cómo puede uno relacionarse con un ex cónyuge entremetido o con hijos amargados y a la vez mantener la integridad de su andar cristiano?

Recuerde, los hijos aprenden del modelo que tienen delante. La relación que usted tiene con su hijastro o su ex cónyuge ¿refleja el amor de Dios? Al ser un vaso del amor de Dios para ese hijo, usted le muestra la verdad del amor divino. Y al mostrar el amor de Dios a un ex cónyuge, usted puede servir de catalizador para la paz de ambas familias.

Cosechar el fruto

Toda familia combinada tendrá luchas mientras se va ajustando a las influencias y presiones externas, y a hijastros y ex cónyuges –incluso a los abuelos de ambos lados de la familia. Sólo mediante nuestro compromiso con el Señor y el uno con el otro seremos capaces de llegar hasta el fin. De este lado del cielo, ninguna familia es perfecta; pero si buscamos experimentar el amor de Cristo en nuestras vidas, podemos dejar un legado de amor para nuestras familias.

23. Deuteronomio 6:6-7 y el Salmo 78:6 nos hablan del legado que deja-
mos. ¿Cómo se relaciona hoy esa noción de legado con su familia combinada?

¿En qué legado ha invertido usted hasta ahora?

¿Qué podría hacer para mejorar el legado de su familia?

24. Hagan un inventario de las necesidades de sus hijos. Evalúen junto con
su cónyuge cómo se encuentran sus hijos. Deliberen sobre qué problemas necesitan atención y cómo el legado de amor, gracia y perdón
puede comenzar a sanar sus corazones del quebranto que ha afectado
las vidas de todos ustedes.

Anoten una acción específica que cada uno de ustedes puede realizar para construir una relación más fuerte con cada uno de los hijos de la familia.

25. ¿De qué manera están afectando su relación los ex cónyuges?

Anote acciones específicas que usted puede hacer para cumplir su parte de "en cuanto dependa de ustedes, vivan en paz con todos" (Romanos 12:18).

Quizás las diez reglas siguientes puedan ayudarle a asumir con confianza el rol de padrastro o madrastra, mientras lidia con las realidades de reconstituir las relaciones de su familia:

1. Siéntase orgulloso del rol que está asumiendo.
2. Sea realista. Verifique las expectativas halagüeñas antes de aceptarlas.
3. Ame a su cónyuge.
4. Sea flexible.
5. Respétese a sí mismo, para que sus hijos tengan libertad para respetarlo a usted.
6. Recuerde que usted no es un reemplazo. Usted es un original, hecho y equipado por Dios para enfrentar cuanto se le presente en el camino.
7. Dese tiempo para adaptarse, escuchar, orar y jugar.
8. Libérese del enojo destructivo.
9. Busque ayuda cuando la necesite.
10. Esté atento a las bendiciones simples e invisibles.[4]

26. ¿Qué acción o actitud de esta lista le serviría de mayor ayuda para su situación actual, y cómo podría implementarla?

Recuérdele a su cónyuge la importancia de ajustar las expectativas, de honrarse el uno al otro honrando cada uno a los hijos del otro, y de hacer el mayor esfuerzo para buscar la paz en las relaciones con todas las ramas de la familia. Hablen sobre cómo sería hacerlo y por qué podría resultar incómodo al principio. Tomen juntos la decisión de alinear sus vidas, sus mentes y sus corazones con la verdad de la Palabra de Dios en lo que se refiere al trato con los demás. Memoricen versículos específicos de Romanos 12:9-21 que los ayuden en situaciones específicas que están enfrentando en este momento.

Notas:
1. Angela Elwell Hunt, *Loving Someone Else's Child* [Amando al niño de otro] (Wheaton, IL: Tyndale House Publishers, 1992), p. 23.
2. *Thayer's Greek Lexicon,* 4ta ed. CD-ROM, versión 3.1 BibleSoft.
3. Esta es una compilación de varias historias. Toda semejanza con una situación real es pura coincidencia.
4. Hunt, *Loving Someone Else's Child*, p. 223.

Vivir con una nueva esperanza

Que el Dios de la esperanza los llene de toda alegría y paz a ustedes que creen en él, para que rebosen de esperanza por el poder del Espíritu Santo.
Romanos 15:13

Las estadísticas son claras: la mayoría de los segundos matrimonios luchan por sobrevivir.[1] Sin embargo, en Cristo podemos ser más que una simple estadística: podemos tener esperanza. Las cosas que amenazan la paz y la estabilidad de un matrimonio reconstituido pueden ser vistas con esperanza y fe en Dios, quien ha comenzado una buena obra en nosotros y por cierto la irá perfeccionando (ver Filipenses 1:6).

Cuando la esperanza decae, podemos reflexionar sobre cómo Dios proveyó para nuestras necesidades en el pasado. Recordando cómo capeamos los temporales de las relaciones pasadas, podemos aferrarnos a sus promesas de un futuro lleno de esperanza (ver Jeremías 29:11). Además, lo que hemos aprendido de las experiencias pasadas puede aplicarse para beneficio de nuestras relaciones actuales.

Tener un foco eterno es un ingrediente clave para cambiar nuestra actitud en medio de la dinámica de la vida de una familia combinada. Debemos dejar de enfocarnos en otras personas, en las circunstancias y en los cuestionamientos incesantes, y volvernos hacia Jesús y nuestro futuro con Él. El nuevo clamor del corazón debería ser: "¡Cámbiame, Señor!" Aunque el cambio es difícil, al mismo tiempo está pleno de crecimiento personal y de la satisfacción de saber que a través de todo ese proceso, Cristo está siendo formado en usted.

1. ¿Cuántos matrimonios reconstituidos que han engrosado la estadística de fracasos conoce usted? ¿Cuál cree usted que fue un ingrediente clave en el fracaso de esas relaciones?

2. ¿Qué pasos pueden dar las parejas de matrimonios reconstituidos para asegurarse de que su matrimonio no constituirá otro fracaso estadístico?

3. ¿Cómo cambia una persona su enfoque o actitud?

    ¿Por qué esta actitud es tan importante para la calidad de vida?

4. ¿Qué ha aprendido usted de sus relaciones pasadas que puede darle esperanza para el futuro de sus relaciones actuales?

Si usted se está comprometiendo a amar a un hijastro, a aceptar a un ex cónyuge o a mantener una cuenta corriente conjunta, debe asegurarse de que su matrimonio siga siendo sólido. Inicialmente, en una familia combinada al esposo y la esposa puede serles difícil solidificar su relación: está ensombrecida por tantas fuerzas externas. El cónyuge puede sentirse como un intruso en la unidad familiar, pero el vínculo entre el esposo y la esposa debe ser fuerte para que la familia permanezca unida.

Plantar la semilla

Emily Visher, una terapista de Palo Alto, California, dice: "Es difícil tener una luna de miel en medio de una multitud, pero usted realmente necesita nutrir su relación de pareja."[2] Si la pareja pierde la esperanza, la familia entera fracasa. Un segundo matrimonio es más exitoso cuando destina abundante tiempo a ser una pareja, fortaleciendo el pacto del matrimonio y creciendo como uno en Cristo.

Hay dos maneras de abordar la vida en un matrimonio reconstituido: como víctimas o como vencedores. A muchos, el pensar como víctimas puede robarles la esperanza, el gozo, y la gratitud por lo que Dios ha provisto con este nuevo compañero y esta nueva familia. Las expectativas perdidas en tiempos pasados pueden hacer que el vaso parezca medio vacío cuando en realidad Dios puede colmarlo todos los días. La ingratitud o la negatividad pueden cegarlo a lo bueno y alterar completamente su enfoque.

5. ¿Qué dice Gálatas 5:1 acerca de vivir perdiéndose lo mejor de Dios? ¿Cómo una vida fuera de foco puede convertirse en "un yugo de esclavitud"?

Cristo nos hizo libres con un propósito muy distinto. Él dispuso que vivamos como quienes fueron liberados del cautiverio y de la esclavitud del egoísmo y el pecado.

6. ¿Cómo puede relacionarse Gálatas 5:7-10 con la dinámica de una familia combinada?

Así como una pequeña chispa puede comenzar un furioso incendio, en una situación tensa una palabra mal dicha o una actitud egoísta pueden iniciar una furiosa discusión. Cuando alguien o algo interrumpe la buena obra de Dios entre nosotros, recuerde que la tentación de regresar a nuestra antigua senda de desesperanza viene de nuestro enemigo, el diablo.

7. Gálatas 5:13-15 nos recuerda nuestra libertad en Cristo. En una familia combinada ¿qué clase de situaciones pueden hacernos una zancadilla, destruyendo nuestra libertad?

¿Qué dice Gálatas 5:15 respecto a nuestra interacción con otros?

¿Cómo podemos cumplir el mandamiento de Gálatas 5:16?

8. ¿Cómo se relacionan las obras de la naturaleza carnal listadas en Gálatas 5:19-21 con las actitudes y acciones que suelen presentarse en la dinámica de una familia combinada?

9. En contraste, ¿cuál es el fruto, o las evidencias, del Espíritu según la lista de Gálatas 5:22-23?

    ¿De qué forma ha experimentado usted los efectos del fruto del Espíritu en su propia situación familiar?

    ¿Cuál es el fruto más difícil de aplicar para usted personalmente? ¿Por qué?

10. Gálatas 5:25 es un versículo clave que nos recuerda permanecer andando en el Espíritu Santo. ¿Qué le dice a usted respecto de su relación como matrimonio reconstituido?

Un refrán dice: Alimenta el Espíritu, mata de hambre la carne. Lo que alimentes estará bien nutrido y crecerá; lo que dejes sin alimentar se marchitará y morirá. Nuestras elecciones producen cambios.

Jesús era un alentador. Dondequiera que iba, Él ofrecía esperanza al herido y al abatido. Él es el Dios de la segunda, la tercera, y la cuarta oportunidad: sus misericordias son nuevas cada mañana (ver Lamentaciones 3:23).

Elegir esperar

11. Lamentaciones 3:18-24 describe las muchas aflicciones del autor y sin embargo él todavía tiene esperanza. ¿Qué inspiración práctica se encuentra en estos versículos?

12. ¿Cómo podría aplicarse Hebreos 3:13 a la vida diaria de un matrimonio reconstituido?

13. En Juan 8:3-11 podemos aprender el valor de la compasión y de una palabra amable cuando Jesús interactúa con la naturaleza humana pecaminosa. Si Jesús —que nunca pecó— no tiró piedras, ¿cómo podemos aplicar la misma actitud en nuestras interacciones con los demás?

Tristemente, el ánimo es un ingrediente que suele faltar en las variadas relaciones de una familia combinada. Cuando en una familia se forman líneas de batalla, solemos sentir que somos nosotros contra ellos, en vez de ser una familia que está aprendiendo a amarse unos a otros. En una familia el amor debe aprenderse; pero en una familia combinada, no es usual que el amor surja naturalmente: requiere un esfuerzo intenso y continuo. En Cristo, lo no natural cobra vida por su toque sobrenatural.

Elegir quedarse

Todo matrimonio —sea el sueño original o una nueva oportunidad en el amor— puede salirse de foco. Los primeros matrimonios tienen luchas tanto como los matrimonios reconstituidos; pero dos personas que se han unido en un nuevo matrimonio después de la pérdida del amor pueden frustrarse más fácilmente, y sentirse tentados a tirar la toalla más pronto. El divorcio no debería ser una opción. El compromiso de quedarse aun en medio de las mayores dificultades de adaptación, hará sentir al otro compañero la seguridad necesaria para aprender y crecer en esta nueva familia.

14. ¿Cómo se relaciona Mateo 12:25 (compare Marcos 3:25 y Lucas 11:17) con una relación matrimonial problemática?

15. ¿Cómo puede fortalecer su relación el saber que su cónyuge está comprometido a permanecer en su matrimonio?

El Salmo 127:1 habla directamente del fundamento de cualquier familia, pero una familia combinada puede tener más oportunidades de que su cimiento empiece a presentar fisuras por la tensión y comience a derrumbarse. Si el Señor no es su cimiento firme, su hogar está construido en tierra movediza. Usted y su cónyuge necesitan confirmar que han asumido esta relación a largo plazo, y comprometerse a confiar en que el Señor les dará la fortaleza para permanecer.

Elegir conectarse

Si el Señor va a construir algo de valor duradero en nuestra vida, primero debemos estar conectados con Él. Nuestra conexión con Él fomenta el amor hacia otros.

16. Juan 15:4 nos dice que hagamos algo que requiere una elección diaria. ¿Qué debemos hacer para "permanecer en" Cristo?

17. ¿Cuál es la promesa de Juan 15:5? ¿De qué manera ha experimentado usted esta promesa en su relación?

18. Según Juan 15:7-8, ¿cuál es el resultado final de permanecer conectados con el Señor?

La oración diaria y la lectura de las Escrituras suelen pasarse por alto en la cotidiana agitación de nuestras vidas —es decir, hasta que hay una crisis. Conectarse diariamente con el Señor es extremadamente importante para poder satisfacer las demandas de cada día. Así como necesitamos alimento para abastecer nuestros cuerpos, necesitamos nutrición espiritual para sustentar nuestras almas. Debemos darnos cuenta del poder que existe en pedir a Dios ayuda, guía y gracia para tratar con todo lo que la vida nos presenta. Él recibe honra, está dispuesto a responder, y es glorificado a través de nuestra conexión con la fuente de poder: su Espíritu.

Elegir la sabiduría divina

Mientras permanezcamos conectados con Dios por medio de la oración y la lectura de su Palabra, obtendremos el conocimiento la y sabiduría que pueden ayudarnos a reconstituir nuestra familia.

19. Cómo se relaciona Proverbios 24:3-4 con una familia combinada?

¿Cómo puede el conocimiento llenar un hogar con bellos y extraordinarios tesoros?

¿Cuáles podrían ser esos tesoros?

20. ¿Qué dice Proverbios 24:14 acerca de la esperanza?

21. Proverbios 8:10-11 y 9:10-11 nos enseñan que tenemos que hacer una elección. ¿Cómo se relaciona esto con su situación?

22. ¿Cómo puede ser Jeremías 29:11-13 una fuente de esperanza en los tiempos difíciles?

Cada día hacemos elecciones. Algunas son simples como elegir qué ropa vestir o qué preparar para la cena. Pero otras tienen grandes consecuencias. Elegir depositar la esperanza en nuestro Padre celestial, comprometernos a permanecer con nuestro cónyuge en las buenas y en las malas, conectarnos diariamente con el Señor por medio de la oración y su Palabra, confiar en su sabiduría, y crecer en nuestro conocimiento de Él, tendrán resultados eternos.

Regar la esperanza

Considere la historia de Santiago y Doris:

Santiago y Doris llevan casados poco más de un año. Ambos están en su tercer matrimonio. Nicolás, el hijo de Doris de 17 años, la niña de sus ojos, vive con ellos. Nicolás sólo ve a su padre biológico unas pocas veces al año, porque él vive a más de 2,000 millas de distancia. Santiago no tiene hijos propios. La idea de ser padrastro lo entusiasmaba. Tanto Santiago como Nicolás tienen intereses comunes en los deportes y el aire libre, pero Nicolás es estudiante del último año del colegio secundario, lo cual hace difícil que ambos puedan pasar tiempo juntos.

Nicolás a veces parece ávido de una relación con Santiago, pero últimamente ha estado más y más antagónico. Siempre que hay una gran disputa entre Nicolás y Santiago, Doris siente la necesidad de intervenir y proteger a Nicolás. Luego Santiago y Doris terminan en una acalorada discusión. A veces las disputas se refieren a cuestiones normales de la adolescencia, cuando Nicolás hace un gran esfuerzo por ser un adulto, pero actúa como un niño. Con frecuencia, las riñas realmente serias parecen relacionarse directamente con aquel tiempo en que el padre de Nicolás lo decepcionó. El estrés está comenzando a afectar a Santiago, y se pregunta si este matrimonio vale la pena por el dolor que está causando. Ha decidido buscar consejo.

Santiago le confía su frustración al consejero. "No siento que yo sea el número uno para Doris", dice. "Siento que es Nicolás. Yo soy su esposo, por lo que se supone que debo ser su prioridad."

"Para comenzar, dice el consejero, usted debe comprender que Doris y su hijo han estado relacionados durante 17 años. Usted lleva poco tiempo en sus vidas. No le conviene celar el vínculo que tienen como madre e hijo. ¿Qué importa si usted tiene cien por ciento de razón —si gana la batalla y pierde la guerra? Comprenda cuál es la fuente de la mayoría de sus conflictos con Nicolás: él puede estar proyectando sobre usted el enojo contra su propio padre. Nicolás necesita un papá y un hogar que sea un refugio para él: alguien que él pueda confiar que estará allí, un lugar donde pueda expresar honestamente sus sentimientos y seguir sintiéndose amado."

23. ¿Qué podría hacer Santiago para fortalecer su relación con Nicolás? ¿Y con Doris?

¿Dónde ve usted esperanza en esta situación?

24. ¿Qué aspecto de la situación de Doris y Santiago se relaciona con usted?

25. Proverbios 4:23 nos dice que guardemos nuestros corazones sobre todo, porque de nuestro corazón mana la sustancia de nuestra vida. ¿Cómo puede una persona guardar su corazón de expectativas irreales, necesidades insatisfechas, o ataques inmerecidos?

26. De lo que Proverbios 4:25-27 dice que hagamos, ¿qué puede aplicarse diariamente en una familia combinada?

27. Jeremías 31:3-4 tiene un mensaje del amor de Dios que es pertinente para quienes se encuentran en un matrimonio reconstituido. ¿Qué esperanza encuentra en este pasaje?

28. ¿Qué le da a usted más esperanza para su relación?

    Actualmente ¿qué le hace sentirse más desesperanzado?

29. ¿Qué pasaje(s) de las Escrituras vistas en esta sesión incentiva la esperanza en usted? ¿Por qué?

    ¿Qué aprendió de sus relaciones pasadas que realmente le ha ayudado —y aun dado esperanza— en su presente relación?

    Memorice Escrituras específicas que le han hablado a usted en esta sesión. De ese modo, la Palabra de Dios le dará aliento cuando usted más lo necesite.

30. Comparta con su cónyuge su compromiso de permanecer juntos en las buenas y en las malas. ¿Cómo pondrá en práctica este compromiso? Anote una acción que usted personalmente realizará esta semana para comunicarle este compromiso a su cónyuge.

31. Fortalezca su compromiso de conectarse con Cristo para tener ayuda, esperanza y sanidad. ¿Qué acción específica pueden realizar ustedes como pareja para fortalecer su compromiso con Cristo?

Mientras comparte sus respuestas con su cónyuge, sea honesto acerca de las áreas con las que está luchando, y tomen tiempo para orar uno por el otro y durante las próximas semanas. Compartan uno al otro lo que alienta la esperanza en ustedes y expresen su gratitud a Dios por darles su amor y su apoyo para su vida en común. En aquellas áreas donde ustedes luchan, elijan una acción que puedan realizar ahora para fortalecer su relación mutua. Mientras comienzan a ver resultados, alaben a Dios por su fidelidad.

Comprométanse a hacer revisiones diarias, mensuales y anuales de su relación mutua y con Dios. Formulen nuevos planes de acción a medida que van superando las luchas previas.

Notas:

1. Maxine Marsolini, *Blended Families* [Familias combinadas] (Chicago,IL: Imprenta Moody, 2000), p. 10.
2. Emily Visher, citado de Amanda Morga, "Happy Stepfamilies: What Are They Doing Right?" [Segundas familias felices: ¿Qué están haciendo bien?] *Redbook*, (Mayo 1989), p. 129.
3. Este es un relato ficticio. Cualquier semejanza con eventos actuales o con cualquier persona, viva o muerta, es pura coincidencia.

Guía de discusión para el líder

Pautas generales

1. En lo posible, el grupo debería ser liderado por una pareja casada. Esto no significa que ambos esposos deban conducir las discusiones grupales; quizá uno es más apto para fomentar el debate mientras que el otro se desempeña mejor en la organización o ayudando a formar y consolidar relaciones; pero el matrimonio líder debería compartir responsabilidades en todo lo que sea posible.

2. En la primera reunión, asegúrense de exponer claramente las reglas fundamentales para los debates grupales, recalcando que el seguir dichas reglas contribuirá a que todos se sientan cómodos durante los tiempos de discusión.

   a. Ningún participante puede compartir detalles de índole personal o que puedan avergonzar a su cónyuge, sin haberle pedido previamente su autorización.

   b. Sea cual fuere el tema discutido en las reuniones grupales, tiene carácter confidencial, y debe ser mantenido en la más absoluta reserva, sin trascender más allá de los miembros del grupo.

   c. Dé lugar a que participen todos los miembros del grupo. Sin embargo, como líder, no fuerce a ninguno a contestar alguna pregunta si no se muestra dispuesto a hacerlo. Sea sensible a los diferentes tipos de personalidad y estilos de comunicación de los integrantes del grupo.

3. El tiempo de comunión es muy importante para consolidar relaciones en un grupo pequeño. El suministrar bebidas y/o un refrigerio, ya sea antes o después de cada sesión, fomentará un tiempo de comunión informal con los demás miembros.

4. La mayoría de la gente tiene vidas muy ocupadas; respeten el tiempo de los integrantes de su grupo comenzando y terminando puntualmente las reuniones.

Cómo usar este material

1. Cada sesión cuenta con material más que suficiente para cubrir un período de enseñanza de 45 minutos. Probablemente el tiempo no alcance para discutir cada una de las preguntas en la sesión, así que prepárense para cada reunión seleccionando previamente las que consideran como las más importantes para tratar en grupo; debatan otras preguntas si el tiempo lo permite. Asegúrense de reservar los últimos 10 minutos de la reunión para que cada pareja interactúe individualmente y para orar juntos antes de despedirse.

   Plan opcional de ocho sesiones: Si desean llegar a cubrir todo el material presentado en cada sesión, pueden dividirla fácilmente en dos partes. Cada sección de la sesión consta de suficientes preguntas como para dividirla por la mitad, y las secciones de estudio bíblico (Plantar la semilla) están divididas en dos o tres secciones que pueden utilizarse para enseñar en sesiones separadas. (En la guía del líder grupal encontrarán más ayuda sobre cómo hacerlo).

2. Cada cónyuge debería tener su propia copia del libro para contestar las preguntas personalmente. El plan general de este estudio es que las parejas completen las preguntas en sus casas y luego traigan sus libros a la reunión para compartir lo que hayan aprendido durante la semana.

   Sin embargo, la experiencia de liderar grupos pequeños hoy en día demuestra que a algunos miembros les resultará complicado realizar las tareas. Si este es el caso de su grupo, consideren la posibilidad de adaptar las lecciones para que los miembros completen el estudio durante el tiempo de reunión a medida que los guía en la lección. Si utilizan este método, asegúrense de animar a los integrantes a compartir sus respuestas individuales con sus cónyuges durante la semana (tal vez alguna noche que destinen específicamente para ello).

Antes de la reunión

1. Reúna materiales para hacer tarjetas de identificación También consiga lápices o bolígrafos extra, fichas de 3x5 pulgadas, y Biblias.

2. Haga fotocopias del **Formulario para pedidos de oración** (vea la sección de "Formularios fotocopiables" de la *Guía para el ministerio de matrimonios de Enfoque a la Familia* o consiga fichas de 3x5 pulgadas para registrar los pedidos.

3. Lea sus propias respuestas a las preguntas, marcando las que desea que se debatan en el grupo. También resalte los versículos clave que crea apropiados para compartir durante el estudio.

4. Prepare papelitos con las citas bíblicas de los versículos que usted desea que sean leídos en voz alta durante las sesiones. Si lo prefiere, puede distribuirlos a medida que llegan los integrantes, pero sea sensible a los que se sienten incómodos al leer en voz alta o que no estén familiarizados con la Biblia.

Rompehielos

1. Si ésta es la primera vez que este grupo de parejas se reúne, haga que todos se presenten y que cuenten brevemente cómo se conocieron y el tiempo que llevan casados y un hecho interesante sobre su cónyuge. Asegúrese de recordarles que no revelen detalles relativos a sus cónyuges que ellos mismos se sentirían incómodos al compartir.

2. Utilice uno de los siguientes rompehielos para ayudar a que los miembros del grupo se conozcan mejor:
   a. **Opción 1:** Pida que cada pareja comparta lo más gracioso que haya ocurrido en su boda.
   b. **Opción 2:** Pida que cada pareja comparta lo más sorprendente que descubrieron sobre la combinación de su familia.

3. Comience con oración.

Discusión

1. **Labrar la tierra**: Esta sección es para que el grupo se familiarice con el tema en cuestión. Por lo general, las preguntas serán de tono más sencillo. Invite a los voluntarios a compartir sus respuestas a las preguntas.

2. **Plantar la semilla**: Esta sección está dedicada al estudio de la Biblia y su propósito es dar los conceptos bíblicos para la sesión. Asegúrese de que durante este tiempo de discusión se lean los versículos que considera claves. No es necesario que se discutan todas las preguntas. Puede obviar alguna que sea de tono personal, pero anime a las parejas a responderlas con su cónyuge en el momento de "Cosechar el fruto".

3. **Regar la esperanza**: El estudio del caso y las preguntas de esta sección ayudarán a los miembros a llevar el estudio bíblico a la realidad de su propia familia combinada. No descuide esta parte del estudio, pues traslada la lección completa al aquí y ahora, aplicando la Palabra de Dios a la vida cotidiana.

   Pida que cada pareja se reúna con otra para leer la historia del caso y discutir las preguntas.

4. **Cosechar el fruto**: Esta sección se propone ayudar a que cada pareja aplique la lección a su propio matrimonio; puede abordarse de varios modos:

   a. Asigne un tiempo al final de la reunión para que cada pareja hable a solas. Esto requerirá tiempo para que estén solos, con suficiente espacio entre las parejas para permitirles conversar en privado.

      Si las parejas ya contestaron individualmente las preguntas, éste sería el momento oportuno para compartir sus respuestas. Fije un límite de tiempo, subrayando que pueden continuar el debate en casa, si no alcanzan a responderlas todas.

      Si las parejas no contestaron las preguntas antes de la reunión, haga que las respondan juntos ahora. Esto resulta mejor cuando no hay límite de tiempo para que se queden hasta terminar su debate, lo cual requerirá que los líderes se queden hasta que la última pareja haya finalizado.

   b. Instruya a las parejas para que completen esta sección en casa durante la semana posterior a la reunión. Esto les permitirá disponer de un tiempo tranquilo y en privado para tratar las cuestiones que puedan surgir, y disponer del tiempo necesario para concluir su debate. Usted continuará en la reunión siguiente, haciendo saber a cada pareja que será responsable de haber completado esta parte de la lección.

c. A veces puede ser ventajoso reunir a dos parejas para discutir las preguntas. Esto puede ayudar a consolidar el sentido de responsabilidad ante los demás.

Asigne tiempo para que cada pareja individual se reúna a completar esta sección de las preguntas.

5. **Concluyan con oración**: Una parte importante de toda relación de grupo pequeño es el tiempo dedicado a orar unos por otros. Esto también puede llevarse a cabo en distintas formas:

   a. Solicite a las parejas que escriban sus pedidos de oración específicos en el formulario de oración (o en las fichas). Estos pedidos pueden compartirse con todo el grupo o ser intercambiados con los de otras parejas como compañeros de oración durante la semana. Si deciden compartir los pedidos, oren como grupo antes de finalizar la reunión; si los intercambian, dé un tiempo a los compañeros de oración para que oren juntos.

   b. Reúna al grupo y dirija a las parejas en una oración guiada.

   c. Pida que cada pareja ore junta.

   d. Divida al grupo en hombres y mujeres. Indíqueles que oren por sus matrimonios, pidiéndole a Dios que revele cualquier área en la que necesiten trabajar en su familia combinada.

Después de la reunión

1. **Evalúe**: Dedique tiempo a evaluar la efectividad de las reuniones (busque la *Hoja de evaluación* en la sección de "Formularios fotocopiables" de la *Guía para el ministerio de matrimonios de Enfoque a la Familia*).

2. **Aliente**: Durante la semana, trate de ponerse en contacto con cada pareja (por medio de llamados telefónicos, notas breves, chateando o por correo electrónico) y dele la bienvenida al grupo. Póngase a su disposición para responder cualquier pregunta que puedan tener y trate de conocerlos en general. Sería bueno que el esposo-líder se comunique con los hombres y la esposa-líder con las mujeres.

3. **Equípese**: Complete el estudio bíblico, aunque ya lo haya realizado antes.

4. **Ore**: Prepárese en oración para la próxima reunión, orando por cada pareja y por su propia preparación como líder. Preséntele al Señor todo

temor, entusiasmo o toda otra cosa que venga a su mente respecto del material de estudio bíblico y/o los integrantes del grupo. Si no se siente apto o preparado, pida fortaleza y agudeza para comprender. Si se siente cansado o cargado, pida a Dios que aligere su carga. Cualquiera sea su necesidad, pídale a Dios. ¡Él proveerá!

Recuerde: En su deseo de ayudar a los miembros de su grupo, no descuiden su propio matrimonio. Comparta tiempo de calidad con su cónyuge durante la semana.

Antes de la reunión

1. Consiga algunas Biblias, lápices o bolígrafos y materiales para hacer tarjetas de identificación.

2. Haga fotocopias del formulario de oración o junte fichas de 3x5 pulgadas para registrar los pedidos.

3. Lea sus propias respuestas a las preguntas, marcando las que desea que se debatan en el grupo. También resalte los versículos clave que crea apropiados para compartir durante el estudio.

4. Prepare papelitos con las citas bíblicas de los versículos que usted desea que se lean en voz alta durante la sesión. Si lo prefiere, puede distribuirlos a medida que llegan los integrantes, pero sea sensible a los que se sienten incómodos al leer en voz alta o que no estén familiarizados con la Biblia.

Rompehielos

1. Salude a los miembros a medida que llegan y entrégueles los formularios (o las fichas) para escribir pedidos de oración.

2. Invite a las parejas a compartir cómo aplicaron a su matrimonio lo que aprendieron en la última sesión.

3. Invite a los miembros a compartir un motivo de alabanza o algo bueno que haya sucedido la semana pasada. Esta es una oportunidad para que quienes no siempre ven el lado bueno de las cosas aprendan a expresar gratitud y acción de gracias a Dios, en cualquier circunstancia.

4. Comience con oración.

Discusión

1. **Labrar la tierra**: Invite a algunos voluntarios a compartir cuáles les parece que son los desafíos más comunes en un segundo matrimonio pero no que no se dan en el primero. Debatan las respuestas al resto de las preguntas en la medida en que el tiempo lo permita.

2. **Plantar la semilla**: Forme grupos de cuatro para debatir las preguntas de esta sección.

3. **Regar la esperanza**: Permita que los grupos pequeños continúen el debate y pida que compartan sus respuestas a la pregunta 25 con todo el grupo.

4. **Cosechar el fruto**: Invite a las parejas a compartir sus respuestas con sus cónyuges.

5. **Concluyan con oración**: Haga que cada pareja ore junta. A medida que los integrantes se retiran, pida que cada uno elija el formulario de oración o ficha de otra pareja, para poder orar por ellos el resto de la semana y contactarlos por teléfono, correo electrónico o una nota personal.

Después de la reunión

1. **Evalúe**: Dedique tiempo a evaluar la efectividad de las reuniones.

2. **Aliente**: Contacte a cada pareja durante la semana para ver cómo están. Pregúntele si él o ella ha tenido una cita con su cónyuge y si enfrentan algún desafío por el que necesitarían seguir siendo apoyados en oración.

3. **Equípese**: Complete el estudio bíblico.

4. **Ore:** Ore para que cada pareja tenga libertad y que cada uno concentre su oración en el otro y en la forma en que los han afectado los retos de formar una familia combinada. Ore para que Dios continúe dándoles la gracia y la fuerza que necesitan para prosperar en su nuevo matrimonio.

Antes de la reunión

1. Reúna materiales para hacer tarjetas de identificación. También consiga lápices o bolígrafos extra, fichas de 3x5 pulgadas, y Biblias.
2. Haga fotocopias del formulario de oración o consiga fichas para registrar los pedidos.
3. Lea sus propias respuestas a las preguntas, marcando las que desea que se debatan en el grupo. También resalte los versículos clave que crea apropiados para compartir durante el estudio.
4. Prepare papelitos con las citas bíblicas de los versículos que usted desea que se lean en voz alta durante la sesión. Distribúyalos a medida que llegan los integrantes, pero sea sensible a los que se sienten incómodos al leer en voz alta o que no estén familiarizados con la Biblia.
5. Ponga una licuadora sobre una mesa para que esté a la vista de todos. También consiga una receta de licuado de frutas con crema y helado y una receta de otro tipo de comida y los ingredientes para cada una. Las recetas se utilizarán durante el rompehielos.

Rompehielos

1. Distribuya los formularios de oración (o las fichas) a cada miembro a medida que ingresan al salón. Anímelos a que escriban al menos su nombre y número de teléfono, aunque no tengan ningún pedido. Recuérdeles que todos necesitamos que otro ore por nosotros, aunque no tengamos un pedido específico.
2. Use la licuadora como ayuda visual para recordar a cada pareja que cuando se unieron en una relación combinada, otros fueron agregados al recipiente junto con ellos: todos los demás familiares, mascotas, hijos, recuerdos, tradiciones, etc.

   Explique que va a preparar un licuado de frutas con helado y crema. Después comience a agregar los ingredientes, pero en la mitad de la preparación de esta receta, pase directamente a la otra y comience a agregar algunos de esos ingredientes (esto sería particularmente eficaz si la segunda receta tiene cebollas, ajo, o algún otro ingrediente que tenga olor fuerte). Probablemente alguno proteste. Si no, siga adelante y mezcle los ingredientes de ambas recetas, y luego pregunte si alguien querría probar la mezcolanza. Explique que cuando combinamos nuestras familias necesitamos seguir la receta —la Palabra de Dios— para hacer una mezcla de buen sabor.

3. Invite a las parejas a compartir qué les provocó ver la licuadora y que se mezclaran las recetas.

Discusión

1. **Labrar la tierra**: Discutan las preguntas 1 y 2. Las parejas pueden discutir la pregunta 3 durante el tiempo de "Cosechar el fruto".
2. **Plantar la semilla**: Guíe al grupo en la discusión del estudio bíblico.
3. **Regar la esperanza**: Debata esta sección con todo el grupo, invitando a algunos voluntarios a compartir sus pensamientos sobre las preguntas.
4. **Cosechar el fruto**: Pida que las parejas individuales compartan sus respuestas en privado. Al finalizar, lea las 10 reglas para asumir con confianza su nuevo rol en la familia, e invite a los miembros a seleccionar la más útil, basándose en su propia experiencia. Si queda tiempo, invítelos a sugerir reglas adicionales.
5. **Concluyan con oración**: Que cada pareja se reúna con otra para orar juntas. Invítelos a intercambiar sus pedidos de oración y a orar por la otra pareja durante la próxima semana, contactándose por teléfono, correo electrónico o una nota.

Después de la reunión

1. **Evalúe**: Dedique tiempo a evaluar la reunión, tomando nota de lo que resultó y lo que no.
2. **Aliente**: Durante la semana contacte a cada pareja para ver cómo está. Pregúnteles si se han comunicado con sus compañeros de oración.
3. **Equípese**: Complete el estudio bíblico.
4. **Ore**: Ore para que cada pareja tenga convicción para entregar al Señor sus nuevas relaciones personales y familiares, para que Él los ayude y los sane. Pida a Dios que dé a cada pareja el deseo de honrarlo en todas sus relaciones.

Sesión cuatro | Vivir con una nueva esperanza

Antes de la reunión

1. Reúna materiales para hacer tarjetas de identificación. También consiga lápices o bolígrafos extra, fichas de 3x5 pulgadas, y Biblias.

2. Haga fotocopias del formulario de oración o consiga fichas para registrar los pedidos.

3. Haga fotocopias de la *Hoja de evaluación* (vea la *Guía para el ministerio de matrimonios de Enfoque a la Familia,* en la sección de "Formularios fotocopiables").

4. Lea sus propias respuestas a las preguntas, marcando las que desea que se debatan en el grupo. También resalte los versículos clave que crea apropiados para compartir durante el estudio.

5. Prepare papelitos con las citas bíblicas de los versículos que usted desea que se lean en voz alta durante la sesión. Si lo prefiere, puede distribuirlos a medida que llegan los integrantes, pero sea sensible a los que se sienten incómodos al leer en voz alta o que no estén familiarizados con la Biblia.

6. Para el rompehielos, reúna los ingredientes para preparar una limonada fresca: limones, azúcar, agua y hielo. También consiga los demás elementos: una jarra grande y transparente, un cuchillo, un exprimidor (opcional), una jarra graduada y una cuchara de mango largo. Si no sabe cómo preparar limonada fresca, practique antes de la reunión. Coloque los elementos sobre una mesa en el frente de la sala. **Opción:** Tenga limonada preparada de antemano para que cada miembro del grupo pueda tomar un vaso de refresco auténtico.

Rompehielos

1. Esta semana entregue a cada miembro dos formularios/fichas de oración. Uno es para pedidos de oración y otro para un testimonio. Anímelos a escribir algo que Dios haya hecho en ellos, como pareja o como familia, durante el curso de este estudio. Distribuya los papelitos con las citas bíblicas que serán leídas en voz alta más adelante.

2. Comience la demostración con la jarra vacía. Explique que a veces podemos pensar que la vida nos ha dado limones en forma de pruebas o de

relaciones difíciles. Corte algunos limones por la mitad y exprima el jugo en la jarra. Continúe explicando que podemos intentar diluir los problemas (agregue un poco de agua) o tratar a otros fríamente (agregue un poco de hielo), pero nuestras vidas continúan siendo agrias. Cuando agregamos el amor de Dios a la mezcla (agregue azúcar) y mezclamos todo (revuelva), obtenemos una dulce y fresca limonada. A veces surgirán nuevos problemas (corte más limones y agregue el jugo a la mezcla), y tendremos una elección: amargarnos como esta limonada agria o permitir que el amor de Dios venza la amargura (agregue más azúcar y revuelva). Cuando la vida nos da limones, podemos decidir si vamos a tomar el jugo agrio o si le vamos a agregar la dulzura del amor de Dios para hacer la mezcla más agradable al paladar.

3. Invite a las parejas a compartir la esperanza que viene al admitir su necesidad del amor de Dios para combinar a sus familias.

Discusión

1. **Labrar la tierra**: Discutan las preguntas 1 a 3.
2. **Plantar la semilla**: Divida a las parejas en grupos por sexos, y que cada grupo debata las preguntas.
3. **Regar la esperanza**: Debatan las preguntas 23 a 26 con todo el grupo. Invite a voluntarios a compartir lo que piensan de la pregunta 27.
4. **Cosechar el fruto**: Dé un tiempo para que cada pareja comparta sus respuestas en privado. Sugiérales que se concentren en la esperanza que pueden compartir al tomar nuevas decisiones con la fuerza de Dios.
5. **Concluyan con oración**: Ya que ésta es la última reunión, pida que cada pareja comparta algo del estudio que les haya impactado. Haga que cada pareja lea sus pedidos de oración y sus testimonios. Después de que la última pareja haya compartido, oren juntos como grupo, en círculo, dando tiempo para la alabanza y la intercesión.

Después de la reunión

1. **Evalúe**. Distribuya las hojas de evaluación para que cada integrante se la lleve a su casa. Comparta la importancia de la retroalimentación, y pida a los participantes que esta semana dediquen tiempo a escribir su informe de evaluación de las reuniones grupales y que se lo entreguen a usted.

ENFOQUE A LA FAMILIA®

¡Bienvenido a la familia!

Oramos con esperanza para que al participar de esta *Serie sobre el matrimonio* de *Enfoque a la Familia*, Dios le conceda un entendimiento más profundo del plan que Él tiene para su matrimonio y que fortalezca su relación de pareja.

Esta serie es uno de los muchos recursos útiles, esclarecedores y alentadores que produce Enfoque a la Familia. De hecho, de eso se ocupa Enfoque a la Familia: de informar, inspirar y aconsejar con fundamento bíblico a personas que se hallan en cualquiera de las etapas de la vida.

Todo comenzó en 1977 con la visión de un hombre, el Dr. James Dobson, un psicólogo y autor de 18 éxitos de librería acerca del matrimonio, la crianza de los hijos y la familia. Alarmado por las presiones sociales, políticas y económicas que ponían en peligro la existencia de la familia americana, el Dr. Dobson fundó Enfoque a la Familia con solo un empleado y un programa radial semanal que transmitían solamente 36 radioemisoras.

Ahora es una organización internacional dedicada a preservar los valores judeocristianos y a fortalecer y alentar a las familias por medio del mensaje transformador de Jesucristo. Los ministerios de Enfoque llegan a familias de todo el mundo a través de 10 diferentes programas de radio, 2 programas de televisión, 13 publicaciones, 18 sitios web, y una serie de libros, películas y videos premiados para personas de todas las edades e intereses.

¡Nos gustaría recibir noticias suyas!

Para recibir más información sobre el ministerio, o si podemos ser de ayuda para su familia, simplemente escriba a Enfoque a la Familia, Colorado Springs, CO 80995 o llame al 1-800-A-FAMILY (1-800-232-6459). Los amigos en Canada pueden escribir a Enfoque a la Familia, P.O. Box 9800, Stn. Terminal, Vancouver, B.C. V6B 4G3 o llamar al 1-800-661-9800. Visite nuestra página web —www.family.org— para aprender más acerca de Enfoque a la Familia o para ver si hay una oficina asociada en su país.

2. **Aliente:** Llame a cada pareja durante la siguiente semana, e invítela a asistir al próximo estudio de la *Serie sobre el matrimonio de Enfoque a la Familia*.

3. **Equípese:** Comience a prepararse y a planear nuevas actividades para el próximo estudio bíblico.

4. **Ore:** Alabe a Dios por la obra que ha hecho en las vidas de las parejas durante el estudio. Continúe orando por cada una de ellas durante algunas semanas, mientras se ejercitan en aplicar a sus propias vidas las lecciones aprendidas.